12/23/14

D0754558

Naves espaciales

Julie Murray

3907505135907O

www.abdopublishing.com

Published by Abdo Kids, a division of ABDO, PO Box 398166, Minneapolis, Minnesota 55439.

Printed in the United States of America, North Mankato, Minnesota.

072014

092014

THIS BOOK CONTAINS
RECYCLED MATERIALS

Spanish Translators: Maria Reyes-Wrede, Maria Puchol

Photo Credits: Getty Images, NASA, Shutterstock, Thinkstock, © Alan Freed p.21 / Shutterstock.com

Production Contributors: Teddy Borth, Jennie Forsberg, Grace Hansen

Design Contributors: Candice Keimig, Laura Rask, Dorothy Toth

Library of Congress Control Number: 2014938906

Cataloging-in-Publication Data

Murray, Julie.

[Spaceships. Spanish]

Naves espaciales / Julie Murray.

   p. cm. -- (Medios de transporte)

ISBN 978-1-62970-375-6 (lib. bdg.)

Includes bibliographical references and index.

1. Space travel--Juvenile literature.   2. Spanish language materials—Juvenile literature.   I. Title.

629.45--dc23

                    2014938906

Contenido

Naves espaciales

Las naves espaciales viajan por el espacio. ¡Algunas hasta han llegado a la luna!

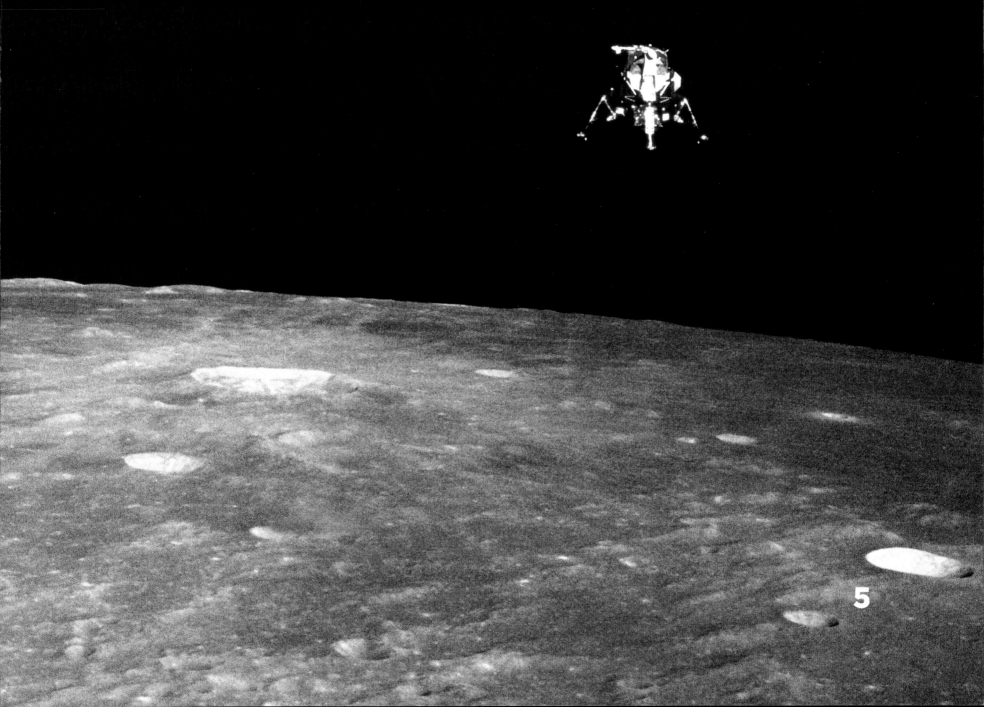

5

¡Las naves espaciales son importantes! Nos permiten aprender más sobre el espacio.

Partes de una nave espacial

Las naves espaciales tienen **cohetes**. Los cohetes las propulsan al espacio.

Después los **cohetes** se caen.

La nave espacial continúa

viajando hacia el espacio.

11

Pasajeros de una nave espacial

Las naves espaciales se usan

para muchas cosas diferentes.

Algunas llevan **astronautas**.

Los **astronautas** hacen **experimentos**. Nos enseñan sobre el espacio.

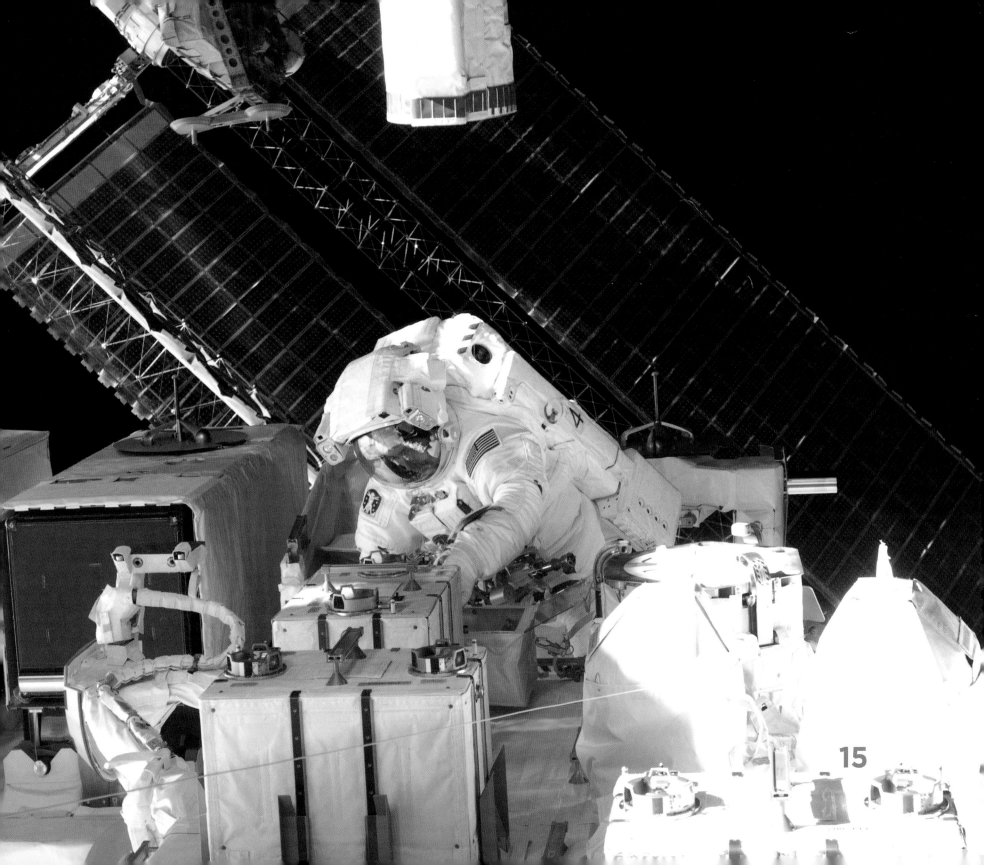

15

Algunas naves espaciales llevan **robots**. Los robots exploran otros planetas.

17

Otras naves espaciales

llevan **satélites**. Sacan

fotos del espacio.

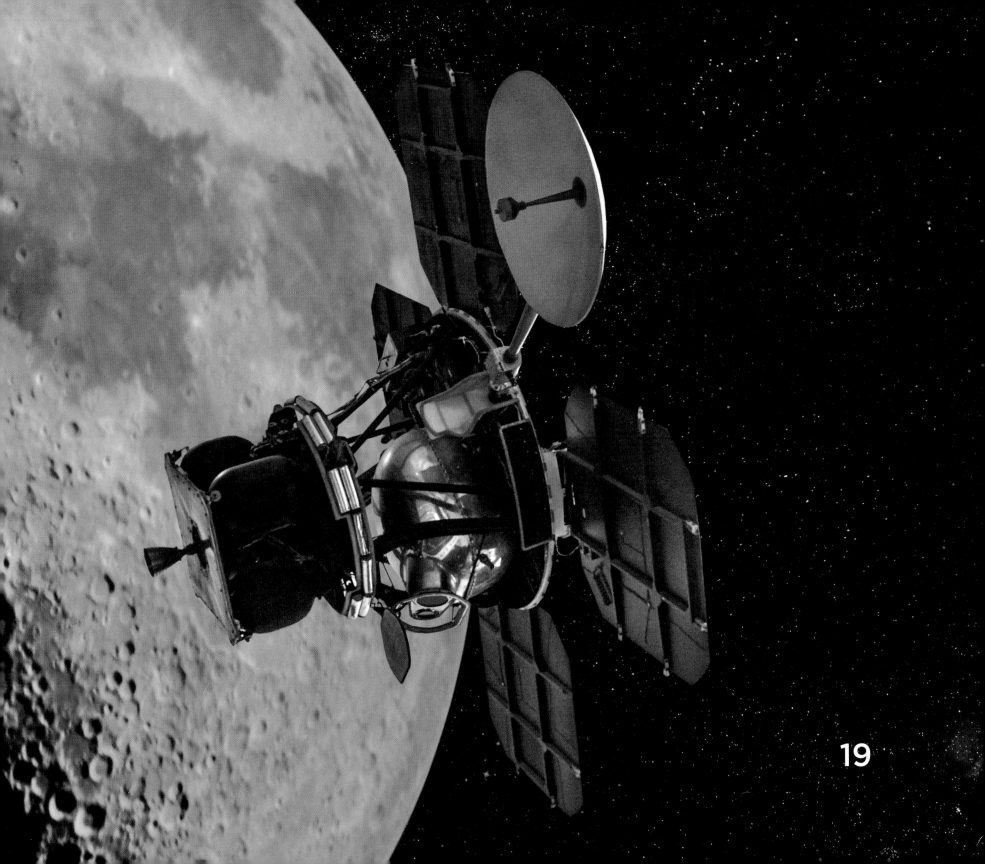

Transbordador espacial

Los transbordadores espaciales son naves espaciales. Despegan como un cohete. Aterrizan como un avión.

Más datos

- Cuando está en órbita el transbordador espacial viaja a 17,000 millas por hora (28,000 km/h) alrededor de la tierra.

- A 17,000 millas por hora (28,000 km/h) la tripulación puede ver el amanecer o el atardecer cada 45 minutos.

- El presidente Bill Clinton, con su esposa Hillary, es el único presidente que ha visto en persona el despegue de un transbordador espacial.

Glosario

astronauta – persona entrenada para volar en el espacio.

experimento – prueba que se hace para aprender o probar algo.

robot – máquina que se programa para cumplir ciertas funciones. Generalmente las personas lo manejan a control remoto.

satélite – artefacto que da vueltas alrededor de la tierra. Los satélites se usan para la televisión, los teléfonos, para ver el clima desde el espacio y mucho más.

Índice

abdokids.com

¡Usa este código para entrar a abdokids.com y tener acceso a juegos, arte, videos y mucho más!

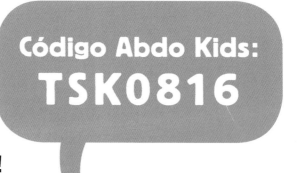

Código Abdo Kids:
TSK0816

24